進藤やす子の

着回しの天才

12 Items, **120** Styles

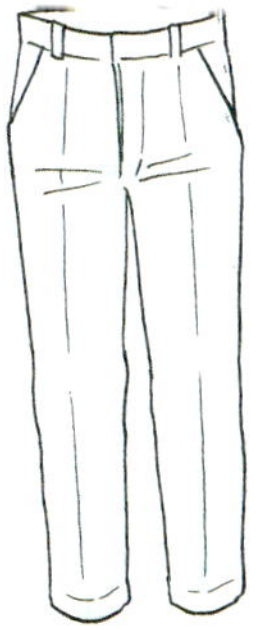

SHUEISHA

はじめに

私が学生の頃は、ファストファッションが台頭するうんと前で、欲しい服があってもお金が伴わず、それでもおしゃれがしたくていろいろと創意工夫をしたものです。

一度にたくさんの枚数は買えないので、ワンシーズンで終わらず「着回しがきく」アイテムとは何かをよーく考えて、それをなけなしのお金で少しずつ買い足して、インパクト重視の着映えアイテムはフリマを上手く利用して買っていました。

当時のクローゼットの中はというと、季節を問わずはける『リーバイス』の501（古着のブルーデニム）と517（ブラックデニム。いずれもメンズ）、『セントジェームス』（紺×白のサイズ1、白×濃紺のサイズ0）と『アニエスベー』（黒×白の半袖・サイズ1、ピンク×白の半袖・サイズ2、エンジ×白の長袖・サイズ2）のボーダーT、『ラルフローレン』のボタンダウンシャツ、『スピック&スパン』のツインニット（黒を定価で購入後、色違いのベージュをセールで購入）、ノーブランドの赤のツインニット、黒のエンジニアブーツに茶色のロングブーツ、白の『コンバース』オールスターと『ナイキ』の黒のレザースニーカー、『エルベ シャプリエ』のトートバッグ……が、だいたいスタメン。ここにカラーパンツ（赤・青・黄色……信号機？）やフリマで買ったウールの花柄スカートなどを加えたラインナップで、日々のおしゃれを「やりくり」していたことを今でもおぼえています。

さらにさかのぼると、ファッション雑誌を読み始めたのは小学校4、5年の頃。当時は「可愛い服を着た女の子を描きたい」という目的で、自分のためというよりはどちらかというとイラストの資料的な要素が強かったのですが、中学1年生の冬に友達に借りた「mc Sister」に衝撃を受け、そこから一気にベーシックなアイテムに傾倒していった気がします。まぁ、母親がユニセックスなテイストが好きだったのも大きく影響していると思いますが……。なんせ小学生の頃、大きなレースの衿やフリルのついた女の子らしいブラウスが流行った時も、可愛くないからという理由で買ってくれませんでしたから（セーラーカラーとかミリタリーっぽいシャツとかプリーツスカートはよく買ってくれました。笑）。

10代で渋カジ、アメカジ、フレカジ（フレンチカジュアル）の洗礼を受けた世代でもあるので、ラルフのボタンダウンも着るしチェックのネルシャツも着るけど、アニエスのボーダーも好きです♪　みたいなミックス感覚はそのときに養われた、というか植えつけられたのかもしれません。いずれにしても、あまりデザイン過多なものよりは、どちらかというとシンプルでベーシックなものが好き、というのが私のおしゃれの基本にあります。

そんなこともあり、「着回し」をテーマにした本書もやはり、普遍的なアイテムを取り上げてみました。そこに今っぽいエッセンスや歴史あるブランドの名品を加え、大人ならではの「ちょいコンサバ」&「ちょいカジュアル」スタイルを提案しています。

ベーシックというと落ち着いた色味を想像されるかもしれませんが、私はもともとの趣向と職業柄も相まってキレイ色が大好き。どうぞ、全編を通して、見た目にも華のある着回しスタイルを楽しんでみてください！

CONTENTS

こんにちは! イラストレーターの進藤です。みなさんは着回しって得意ですか?
ヌーピー
ブルミ
ちなみにこの本でいう着回しは最少の服で、というスタンスではありません!!
それじゃさすがに
バリエーション作れないもの
だって
そもそも私、買い物大好き、
バーン!!
「買い物推進党」の党員ですし。
いや、だって毎シーズン可愛い服が登場するじゃないですか
買わないなんてムリ
目つぶってないとムリ
見えません 見えません
女子たるものそういう可愛いものに反応すべきなんです
カッ
バッ
…で、いいんです、連れて帰って。
CASHER
でも
せっかく連れ帰ったのに意外と使えてない…
あ…
この前買ったコレは~っ?
…ってことよくありませんか?
そんな悲しいことを繰り返さないため、
ノーモア タンスの肥やし
着回しについて考えてみました!!
あらためて!

まずは、残念な「あるある」！
その1
オール今季モノで鼻息荒すぎパターン
今風のメイク
今年のニット
今年のバッグ
今年のスカート
今年の靴
ギラギラ
その2
いっつも同じ服？に見られるパターン
いつも似たようなトーンの服…
せっかく枚数あるのにもったいなさすぎ〜!!
NO〜!!
ちなみに私のクローゼットはこんな感じ。
旬！
Ⓐ
Ⓑ
学生の頃からずーっと好きで買い続けてるテイスト
マイベーシック（6〜7割）＋トレンド（3〜4割）
Ⓐだけでまとめるのは気恥ずかしいし、Ⓑだけだとちょっと目新しさがないのでⒶとⒷをMIXしてコーデ✧
そしてヘアメイクや小物で印象を変えることも大事！
いつも同じ髪型
同じメイクではなく、
おでこ出したり結んだり
赤リップにしたり
小物の威力って絶大！
カジュアルコーデをブランドバッグで格上げしたり…♡
トレンドものも大好きだから新しいものももちろん買う！
YEAH!
それをmyベーシックと合わせて毎日のコーデを楽しむ!!
それこそが着回しです♡

CHAPTER

1

LOVE BASIC

着回しの天才は〝ベーシック〟を愛してる

買物しまくって女の子のイラストを描きまくった経験からすると
何にでも合うとか一枚で素敵に見えるとか誰かにほめられたとか
どんな理由であれ、女性に安心感や心地よさをくれる服は、
すべて〝ちょいコンサバで、ちょいカジュアル〟。
長く着られることよりも、これが着回しに必要なベーシック！
そんな思いで選んだ 12アイテムの実力、どうぞお楽しみください♪

LOVE BASIC

No. 1

フレアスカート

Yasuko's Comment これが似合わない人は、絶対いないと思っています。ほどよく華があって、体型もカバーしてくれて。だから、きっと、すべての女性にとって〝ベーシック〟。そんな思いで最初に選びました。イエロー、ブルー、グリーン……。私は昔からきれい色のものが好き。会社員時代はアンサンブル、でも今はスウェットやＴシャツを合わせて。大人になるほど、カジュアルにも着こなせる〝懐の深さ〟に頼りきりです。

春はフレアスカートで始めましょ♥
＋チェックシャツ
ノーアイロンで着られるチェックシャツでキレイめカジュアル
白いバッグで抜け感を♥
白シャツをチェックに替えてこなれ感UP
寒い日はレザーJKとか♪
フェミニンなフレアスカートは辛口アイテムと合わせるのが鉄則
＋トレンチコート
トレンチコートで（レーストップス＋フレアSK）The甘コーデを引き締めて
＋パーカ
週末はガーリースタイル♪
誰もが持ってるグレーのパーカを一新させるのはこんなキレイ色フレアスカート♥
ネイビーのプルオーバーもいいっ♥
インナーやスニーカーを白にして清潔感Keep
アラフォーの私はひざ下のペンシルスカートも好きです♥

パキッと派手可愛いコーデは・・・
オフのお出かけに最適♥
春らしい爽やかコーデに
カラーブロッキングバッグでエッジを
きかせて・・・
(P69のCELINEのトラペーズ)
春夏は色×色コーデを楽しみたい♥
特に
白バッグでも可愛いけど
よりこなれた
感じはこっち…
かごバッグや
サンダルで
抜け感を♪

黄色はデニムとも相性バツグン
秋口は濃色Gジャン（P38）を羽織って。
メガネやサングラスを効果的に使おう！
秋冬は黒と合わせて大人っぽく
白シャツをINすればより今っぽい
柄モノをバッグやストールで取り入れてアクセントに
ツートーンカラーのクラッチやシルバーのレースアップシューズで脱・無難！
ロングブーツより断然ショートブーツ
シルバーの靴は意外と肌なじみがよく、1足あるとかなり使えます

LOVE BASIC

No.2

ブルーのシャツ

Yasuko's Comment シャツが似合う人って、女性が憧れる女性のイメージ。私はなで肩なので一枚で着るのは苦手で、アイロンが面倒なのもあり（笑）スタメンではありませんでしたが、最近〝中に着る〟ことで出番が増えました今の年齢になったからこそ、着たい気持ちが出てきたのかもしれません。〝そろそろちゃんとしたカッコしたい〟と思っている方も多いはず。それならまず、この服をワードローブにプラスするのはいかがでしょう？

4月はシャツの出番!
洗いざらしのラフな感じが休日仕様♥
4月後半…
G.W.ももうすぐそこ♥
せっかくのオフはこなれカジュアルで楽しみたい!
…ボタニカルやトロピカル柄でリゾート気分〜♪
4月半ば…
ボリュームフレアと合わせてアクセで盛れば一気にドレスUP✧
…はやりのスウェットタイトとソックス使いで旬なおしゃれを♥
4月前半…
まだちょっと肌寒い時季はざっくりニットのインナーとして重宝✧
ついついカチッとした格好に合わせがちな✧シャツ✧
実はこんなに着回せるんです
お気に入りを着倒しましょう♥
紺ブレとの相性は言わずもがなですよね〜
もちろんジャケットのインナーにも!

シンプルなブルーコーデは小物で盛って
黒もいいけどストライプならよりこなれ感が
マドラスチェックで夏を満喫
もっとキレイめに仕上げたいなら白バッグ+プレーンパンプスで
エナメルのレースアップシューズで辛口に
足元はペタンコ靴が気分♪ カジュアル派はスニーカー コンサバ派はローファー。
いずれも白がベスト

肌寒くなり始めの秋口はレイヤードスタイルを楽しんで♪
ニットベストやケーブルニットと合わせて鮮度UP✧
イージーパンツも黒ならキレイめキープ♡
さらにチェーンバッグできちんと感を加えれば旅行スタイルにも最適です。
冬はニットワンピのインナーに♡
そんなこんなで一年中大活躍のブルーのシャツ。
あっという間に元がとれそ〜(笑)
ぐふふ

LOVE BASIC

No.3

ツイードジャケット

Yasuko's Comment コンサバなイメージだけど、昔からすごく好きな服。

ジャケットが必要ない職業なのに、毎年買っているかもしれません。

てろっとしたカットソーに羽織ったり、デニムに合わせたり。

〝カジュアルだけど女らしい〟コーデに、実はすっごく重宝します。

野暮ったくならない？ と不安な方！ サイズさえ合ってれば大丈夫！

ジャストで着るためにワンサイズ小さいものを買うこともあります。

not
コンサバ！ツイードジャケット
週末のデートは
大人可愛いコーデで♡
春先は
こんなコーデも
オススメ
思いきった脚見せもミニスカではなく
ショーパンならよりヘルシー✧
スタイルよく見えます！
my愛用
白ツイードJKは
ドレステリアのもの。♡
もう5年愛♡
コンパクトなサイズで
肩パッドが入ってない
ものを選ぶのが
大事です！！
辛口コーデにも
しっくり✧
小物で遊びゴコロをプラスして。
THEコンサバな白ツイードJKだからこそ
かなりカジュアルなアイテムと合わせても
キレイさKEEP★
足元は
パンプスで
「大人感」を。
オフィスでは
清楚に✧
清楚といってもコンサバアウターを黒やベージュの
ボトムスと合わせては「普通」すぎて
つまらない！
春カラーの
センタープレスパンツで美人度UP♡
ポイント
ピンクは
甘い服で
取り入れるより
パンツなど
マニッシュな服で
取り入れたほうが
あか抜けます✧

THE王道!

デニムでカジュアルダウン!

ツイードJK+デニム+チェーンバッグは鉄板コーデだけど髪型やメイクで今っぽさを意識するのを忘れずに!

王道だからって10年前と同じ…では化石です。

P34のグレーTをインナーに。

シンプルコーデなので小物で盛るのもオススメ
ゆるっとらくちんワンピもツイードJKを羽織ればキレイめコーデに
スニーカーやフラットサンダルで抜け感を。

春夏になるとはきたくなる柄パンツと♥
大ぶりターコイズのネックレスで白コーデを引き締めて
ビジューアクセ+ロックTで辛口カジュアル
チュールスカートで華やかさもON
右ページのワンピコーデやこの柄パンコーデ、リゾート行きたくなるわ〜♥
ツイードJKはどんどん着くずしちゃおー！

LOVE BASIC

No. 4

白のパンツ

Yasuko's Comment たまにOLさんと座談会をする機会があるんですが
み〜んなはいてます。そして、み〜んな清潔感があって女らしい！
たとえば甘いトップスを合わせれば、ほどよくすっきり見えるし、
逆に、可愛らしいカッコが苦手な人がはいてもほどよく可愛くなれる。
そして、彼、女友達、上司、仕事相手。誰と会う日でも大丈夫。
うん、週3回はイケちゃう（笑）。間違いなく〝ベーシック〟ですね。

オンもオフも白パンツ!
キレイめカジュアルにも最適♥
ギンガムチェックのシャツ×腰巻きニットならオフィスでも浮かない好感度コーデ
清潔感満点!!
もちろんブルーのシャツも◎
旬な透け感のあるブラウスで女子度UP
パステルカラーコーデも白パンツなら甘くなりすぎません
白パンツはどんなトップスもどんとこい!!な万能選手
休日は遊びゴコロのある小物やゆるTでオフコーデを楽しんで♪
プチプラのド派手なクラッチでハズしたり♥…
パツパツは避けましょう!
POINT
頑なに7号!とか9号!にこだわる人がいますが白は膨張色なので1サイズUPするのも、キレイにはくコツです。

春、出番の多いトレンチコートも
キレイめ白パンツで軽やかに♥
ストライプJKで
COOL
インナーは黒で
引き締めて。
ただし
モノトーンでキメすぎると
可愛げが無いので…
バッグか
パンプスの
どちらかを
キレイ色に♥
春先から通勤に
大活躍の白パン♥
足元もキレイ色なら
より春っぽい

ゆるシルエットのトップスなら…OFF感UP
脱・平凡コーデを目指すなら…
サスペンダーをON♥
きれいめ白パンツと合わせれば
体が泳ぐようなゆるトップスも
だらしなくならないので
安心・
なんでも
ドンとこい!
ボーダー+白パンという
見慣れたコーデが
見違える
大人っぽさをキープするために
足元はシンプルな美パンプスで

LOVE BASIC

No.5

ボーダーカットソー

Yasuko's Comment 『セントジェームス』のボックス型のボーダーのサイズ感や素材感が大好きでよく着ていました。もちろん今も、です♡
ボーダーが他のベーシック服と違うのは〝女らしさを求めない〟こと。
洗濯機にかけるとゴワゴワしちゃうくらいの厚みのあるコットンでお腹の肉感を拾わないのがありがたい（笑）ぴたっとしないシルエット。
そんな、昔から愛される素朴な感じが〝ならでは〟の魅力だと思います。

夏はやっぱりボーダーLOVE♥
ボーダーに柄物を合わせる時は大柄のものを選べば意外とうるさくなりません♪
＋マキシフレアSK
ちょっとボリュームがあるほうが可愛い♥
南国をイメージさせる花柄orボタニカル柄とかもオススメ！
＋デニムサロペット
今年は久々デニムがメインストリームに✧
ダボッとしたタイプだとぽっちゃりキャラまっしぐらなのでスキニータイプがベター♥
NG
ずどーーん！
石ちゃん風
＋ひざ下タイトSK
昨年から人気続行のタイトスカート。ひざ下丈ならさらに大人顔✧
落ちつきすぎないよう〝小物で派手色を足す〟のを忘れずに〜!!
黒のパンプスじゃつまらない！
シンプルだからこそ着回し力抜群☆のボーダーカットソー。自由に色々着倒しちゃいましょー！

小物をうまく使って
脱・ご近所ウェア
小さめスカーフでマリンニュアンスを
健康的な肌見せで
フェミニンカジュアル
定番だけど
可能性は無限大!
…なボーダー
キレイめスカーフには
ダメージデニムで
カジュアルダウン。
ボーダー女子はモテないという
都市伝説にモノ申す!
こんな子いたら絶対
可愛いだろ〜〜
プンスカ

辛口小物マニッシュスタイル
ノーカラー黒JKもしくはGジャンでも。
P38の
タック入りクロップトパンツは大人の女性の強い味方♪
キレイ色ストールをざっくり巻いて顔まわりをトーンUP
薄手の大判ストールなら冷房対策にもなり一石二鳥♪
ササッ
ツートーンやシルバーのパンプスで今っぽさをON

LOVE BASIC

No.6

レーススカート

Yasuko's Comment さんざんいろんな服を買いまくった私ですが
レースのスカートは若いころにはいた記憶がなくて……。そう考えると
きっと、実は〝大人のほうが似合う服〟なんだろうなと思います。
一昨年初めて買った理由は、カジュアルなトップスに合いそうだから。
それから、左ページのイラストみたいに柄も意外と合うことを発見して。
定番、というよりは〝まだまだこれから〟楽しみたいベーシック服です。

レーススカートで
Everyday 好感度♪
休日のおでかけにはコレ♥
+ロゴスウェット
白に単色ロゴのスウェットは、ベーシックながら旬顔になれるお役立ちアイテム♥
半袖&薄手スウェットは1枚あると何にでも合わせられて便利!
ソックスをはけば…レーススカートもカジュアル度UP
レースSKってホント重宝♥
私は白、黄、グレーをヘビロテしてます♪
+ボーダーTシャツ
…今年はあえてレースのスカートにボーダーなどの柄モノを合わせたい♥
小物は黒で引き締めて…
+同系色プルオーバー
…寒色のトーンでまとめれば甘さも控えめ♥
白のアクセサリー&小物でさわやかに
白やヌーディなベージュもいいし…
シルバーでピリリとひとさじ辛味を効かせるのもアリ
目上の方との食事などにはこんな格好が最適

ベージュのサマーニットにはカラー小物で着くずして
すっかり
定番人気のレーススカートは大人流に色で遊びましょう！
ビタミンカラーで気分もUP
上品カラーのネイビーと合わせて女らしく
涼しげかつ引き締めの色でもあるネイビーは夏に出番の多いベーシックカラー

こっくり深みのあるカラーを部分的に
取り入れて秋コーデにシフト✧✧
むしろ
色モノはどんどん
いろんなカラーと
コーデして
マッチングの妙に
チャレンジすべし♥
エンジもブラウンも
ミントグリーンと
相性のいい色♥
今やレーススカートは
シーズンレスアイテム!
冬本番はざっくりタートルと合わせて♥
チョコミント的な
配色♪

LOVE BASIC

No. 7

グレーのTシャツ

Yasuko's Comment 〝女には４枚のグレーＴが必要である〟が持論です。

パンツに合う形とスカートに合う形、首が詰まっているのと開いてるの。

私の引き出しのいちばん前にもその４枚がスタメンとして入っています。

インポートのおしゃれブランドからドメスティックのプチプラまで。

その時々のトレンドや気分に合わせて使い分けています。

いちばんしっくりくる〝マイ定番〟を見つけるのも楽しいですよね。

Tシャツは超シンプル主義!
可愛く着ると子供っぽくなりがちな白コットンマキシは…グレーTとチェックシャツで辛口に!
爽やか大人カジュアルに★
ペタンコサンダルかスニーカーでリラックスモード♪
甘辛MIXで旬顔に★
ツートーンのポインテッドトゥなら美脚度もKeep!
甘めのスカートがはきたい時はグレーTに足元はヒール靴ではなくちょっとマニッシュな靴でハズすと旬度の高い着こなしに♡
モノトーンでシックに★
大きめサングラスやスタッズ小物、極太ボーダーでパンチをプラス★
カラーパンプスでも可愛い♡
くわっ
似てるようで毎年少しずつ旬なシルエットが異なるもの!
定番アイテムほどアップデートも忘れずに!!

夏はやっぱりデニムと合わせて
王道カジュアル★
ターコイズなどエスニック調のアクセを。
足元はスニーカーかモカシンで抜け感を♪
気分はハワイ～♡
「サムドラ」など遊び心のあるバッグがベター♡
「シトラス」のポンポンネックレスは夏に使いやすいアクセ♡
グレーとなじみのいいパープル＆ホワイトで
キレイめコーデ✧✧
P22の白パンツ
シルバーをピリリと効かせて✧

秋口はミモレ丈のスカートで辛口カジュアル✧✧
迷彩柄もフレアスカートならほどよくフェミニン♥
パンツはけっこうハード
白Tより季節を問わず便利です
下着も透けないし
肌寒くなってきたらレザーJKのインナーとして。
ライダースJKとグレーTでレースのタイトスカート(P30)をカジュアルダウン♪

LOVE BASIC

No.8

Gジャン

Yasuko's Comment 合わせやすいとかそういった実用の部分を超えて
作り手のこだわりを感じるからこそ、ずっと大切に着たくなる。
それが、Gジャンがベーシック服である理由だと思います。
私の今のお気に入りは『ハイク』。シンプルでストイックなデザインで
〝デニム大好きな人が作ったんだな〟と思うと、なじんでくるのも幸せ。
服を選ぶときにいちばん手にとりやすいオープンラックにかけています。

秋イチ、羽織りはGジャンで♥
秋はやっぱり!…
トラッドスタイル
ピンストライプやチェックの
テーパードパンツがこの秋はマスト✧
私はHYKEのGジャンを愛用中
お気に入り
シルエット、色み、ともにきれいめカジュアルにぴったりな一着✧
王道
スポーツMIX
大人のスポーツMIXスタイルはスッキリ見えるのが大事!
インナーは細身のパーカワンピがベター♥
私は2巡目…笑
40歳
ボリュームのある90年代スニーカーが気分です
NIKE AIR MAX とか!
迷彩などの柄物かきれい色のバッグでポイントを作って♪
鉄板モテ♥
きれいめスイート
巾着タイプのショルダーバッグならより旬な雰囲気に♪
甘めのチュールスカートをGジャンでカジュアルダウン✧
足元はパンプスよりスリッポンが断然可愛い♥

レディな雰囲気を楽しみたいなら…
ぴったりトップスにひざ丈フレアスカートで♥
サングラスをON
してもステキ
初夏のオフorリゾートステイにも
Gジャンはオススメ♥
P65のCHANELのマトラッセで格上げ♥
腰巻きGジャンでコーデを引き締めて♪
Gジャンだって
カジュアルに
着るばかりじゃ
つまらない!

"大人カジュアル"はひざ丈タイトで✧
ボトムスが女っぽいのに胸でも開いていると女度が高すぎてtoo muchなので気をつけて！
肌は出せばいいってもんじゃないのよー
ちょっと辛口デザインのパンプスやサンダルがベター♥
レースのスカートにラウンドトゥでは甘すぎるのでポインテッドトゥでシャープに✧！
パールで明るさとキレイさをON✧
ピンクって偉大♥
青みピンクとネイビーは好相性。少量でも華やかになるのはピンクならでは。

LOVE BASIC

No.9

ストライプパンツ

Yasuko's Comment ベーシック服＝無地のシンプルな服、だけでは
きっとおしゃれはつまらないし、何より、難しいと思いませんか？
ワンアイテムでコーディネートに〝奥行き〟を出してくれる服も必要。
それには、ストライプパンツがほんとにぴったりなんです♡
クロップトパンツじゃ堅すぎるとき、デニムじゃカジュアルすぎるとき。
全部の〝ほどよい〟を叶えてくれるいちばん新しいベーシックに認定！

ストライプパンツがNewベーシック★
ロゴニット★
白シャツをINすればロゴニットも子供っぽくなりません♪
JACSON 10
スッキリ鎖骨見せでひとさじの色香を♥
ざっくりチルデンニット★
どちらのコーデにもトレンチコートはぴったり♥
派手色ビッグクラッチでポイントづくり
シャツ×肩かけニット★
暑さの残る時期は温度調整のしやすいコーデが便利
P46の赤カーデやP14のブルーシャツとも相性バツグン♪
…ファーつきかごバッグなどシーズンレスアイテムでハズすのも可愛い♥
細めのレースアップシューズでエッジをきかせて
足元はキリリと美パンプスがベター♥
レジメンタルストライプは柄自体が『THEトラッド』なのでどこかに必ず女性らしさを出して、優等生すぎない着こなしを心がけましょー！

トレンチコート＋ロックTで
こなれカジュアル✧
正統派ベーシックアイテムの
ベージュトレンチなら
インナーで遊んでも
上品さはKeep!
全身メンズライク
すぎるとヒゲが
生えそうなので(笑)
足元はパンプスで
女らしく♡
女っぽさを残してトライしたい!
流行のリュックスタイル✧
トレンチコーデの時は足元がパンプス、
パーカ＋リュックコーデはゆる巻きヘア、と
どこか必ずフェミニンにするのがポイント!

大人ピンクのニットでキレイめトラッドコーデ♥
なんてことないけど可愛いコーデ♪
きっと男の人はこういうフツウに可愛いコーデが好きですよね〜
ちなみに…
シンプルコーデをステキに見せるキモは髪と肌のキレイさな気がします。
お手入れお手入れ
アメカジコーデにもしっくり♪
ダッフルコートにはメンズライクなパンツが好相性

LOVE BASIC

No. 10

赤のカーディガン

Yasuko's Comment 美大生時代、本当に貧乏で服が買えなかったころ、抜群の着回し力で私を助けてくれたのが、赤のカーディガンでした（笑）。過剰に女っぽいわけじゃないけど、でも女っぽくなるんですよね。モテたいなんてこれっぽっちも考えたことなかった当時の私ですが、その〝気軽な可愛さ〟で、よくデニムに合わせていたのはいい思い出。おしゃれするには着回しって大切！ ということを教えてくれた服です。

赤カーデなら 女子力満点♥
休日は映画観賞
きれいめカジュアル
カジュアルなアイテムばかりでも赤カーデを羽織るだけでかなり女の子感UP
おしゃれショッピングクルーズ
フレンチプレッピー
ピンバッジをつけてみたり♪
白シャツINして第1ボタンまできっちり留めるのもアリ
今年大人気のチェック柄とも相性バツグン
靴下＋レースアップシューズでこなれた印象に
要所要所を黒で引き締めて
会社帰りに予定アリの日
愛されコンサバ
暗くなりがちな冬のオフィスコーデを赤カーデ＋柄スカートでパッと華やかに
ちなみに20代の頃はジョンスメドレーのツインニット憧れでした…が♥
OL
赤というその色だけでじゅーーぶん可愛いので、あまり甘すぎないコーデのほうがしつこくなくていいかなぁなんて。
おくまで私の好みですが

王道!!
でもそれが可愛い♥
鉄板コーデ!!
…かごバッグで
抜け感を♥
ロゴ入りならモノトーンが大人っぽくてベスト
グレーのセットアップに華やかさをプラス♥
誰が着ても
絶対可愛い♥
間違いない!
行ってらっしゃいませー
どちらも気負いすぎないのに
女らしいのでデートにも
ぴったりです♪

言わずもがな!!
相性バツグン♥のデニムと♪
サロペだとおしゃれ度UP
大人は足首見せ&ヒールでキレイめKeep
秋冬はコートのインナーとしても大活躍♥
サロペにスニーカーだと一気に「石ちゃん感」がマシマシになるので気をつけて!!
DANGER
途端に「休日の公園にいる人」になります。
メンズライクなチェスターコートに赤が映える!
スニーカーコーデはこんな細みパンツとなら無問題
STATE
THE MAGIC CITY

LOVE BASIC

No. 11

グレーのタートル

Yasuko's Comment 年齢を重ねてきたせいか、最近、服を選ぶときに顔うつりを重視するようになりました。実はライトグレーのタートルってその顔うつりが最高なんです！　暗くならず、キレイに見えます。そしてニットだとアウターとの相性も大切。グレーのタートルって全然アウターを選ばないんです！　ほら、欲しくなるでしょ？（笑）重ね着にも使えるし、まさに「一枚あれば！」のベーシックですね♪

"配色上手"になれるグレーのタートル
×ネイビー×マスタードイエロー
ブルゾンを合わせて甘辛MIXスタイル
このコーデ、アウターがテーラードJKだとフツウすぎ！スタジャンやMA-1などブルゾンタイプのボーイズアイテムで遊び心を！
×ダスティピンク×オフホワイト
流行のパステルカラーとも相性のいいグレー。チェスターコートのインナーにも最適♡
チュールスカートで華やかさを加えて
タートルネックを着る時はロング派はまとめ髪が基本。フェミニンさを出したいならサイドでまとめると◎
×ベージュ×ボルドー
ボルドーは大人っぽい色ですがミニ丈なら落ち着きすぎません
ストールをアクセントにしてもgood♡
サイドゴアブーツで軽快に♪
大人な私(40歳)はパンツで
便利だけど下手すると喪！っぽく
なりがちなグレーのタートルネック。色合わせを工夫して着こなしたいですね♡

レイヤードコーデにも最適✧✧
スウェットのインナーにすればたちまち旬顔に!
足元はショートブーツかソックス＋レースアップシューズなどで程よいボリュームを
30代以上のお嬢さんたち!
久々に人気復活のタートルネックはベーシックに着ると昔っぽくなるので要注意～～
これやりがち40歳
ダウンベストもタートルネックならスッキリきまります✧✧
パステルカラーより濃いめのキレイ色が大人っぽい♥

ミモレ丈のスカートの時は
もちろんウエストIN
モデルさんのように背が
高くないならトップスを
ウエストIN＋ハイヒールで
重心UP
おしゃれって大変～
ストールなどで
上半身にポイントを作るのも
効果的
アップヘアにオールインワンで
ちょっとやんちゃにドレスアップ
CHANELさまなら
百人力～

LOVE BASIC

No. 12

ピーコート

Yasuko's Comment 私のおしゃれ観を大きく変えたきっかけは中学生のときに友達に借りて読んだ『mc Sister』という雑誌でした。そこに載っていたピーコートにひと目惚れしたりと影響を受けまくり！ トラッドな着こなしが好きですが、今の年齢ではキツイ服もあって（笑）。でもピーコートは、大人が無理なくトラッドを楽しめる貴重なアイテム。ニットとデニムに合わせたりして、きっと一生着ていくんだと思います。

ピーコートこそ最強アウター！
女らしさを損ねない
大人リラックス♥
ネイビーに映える
明るい色のシェットランドニットをIN♥
ダメージデニムでもポインテッドトゥの
パンプスで女らしさキープ
グレーのロゴスウェットに
カラーレースのひざ丈タイトで今年らしさ満載!!
こなれ感
抜群
テイスト
MIX♥
清潔感あふれる
リッチカジュアル♥
柄モノストールのぐる巻きで高い位置に
ポイントを作ってスタイルUP
白デニムは冬こそ上手く使って
爽やかな明るさを演出。
足元はスニーカーで
抜け感を♥
スタッズ付き・
インナーはユニオンジャック柄、と
デザイン要素が強めなので
次はHYKEのスタンダードな
ピーコートが欲しいな〜☆
ちなみに…
愛用
ピーコートは…
blanc basque
のもの
より
キレイ系に
バッグに
スカーフを
巻いても
ステキ
ストールを
外して

シャツ・ニット・デニムの王道コーデに
ひとクセ小物でモード・トラッド✧
エッジィなマニッシュ靴は
コーデを格上げする筆頭
アイテム✧
ピンポイントでも映える✧
赤リップの絶大な威力たるや!!
足元は白や淡いグレーの
スニーカーで軽さを。
ボーイッシュコーデには
赤LIPで女らしさをON♥
むふ
これだけで「とりあえず」感が
一気になくなります。

シャツを巻くだけで奥行きのあるコーデが完成
シワの目立ちにくいチェックのネルシャツは着るだけでなく腰巻きアイテムとしても優秀
スウェットパンツ以外に白のボーイフレンドデニムも可愛い
ミーハー小物で遊べるのも定番ピーコートならでは
…枕になっちゃいそうなビッグなクラッチとか。
Zzz
足元は人気再燃のDr.マーチンなんかも…気分です

COLUMN
1
★★★
黒に頼らない色彩感覚を身につけよう

毎日のコーディネートで「無難な黒」を選んでしまってはいませんか？

「モードな黒」や「スポーティな黒」は「意志のある黒」なので、同じ黒コーデでも「無難な黒」とは別のもの。黒を〝無意識〟に、ついつい選んでしまうことを〝意識的に〟やめてみると、ぐっと印象が変わって、おもしろいかもしれません。

具体的にどうするかというと、左のイラストのように、ちょっと色を「振って」みてください。たとえば黒ではなく紺、またはグレー、というように……。

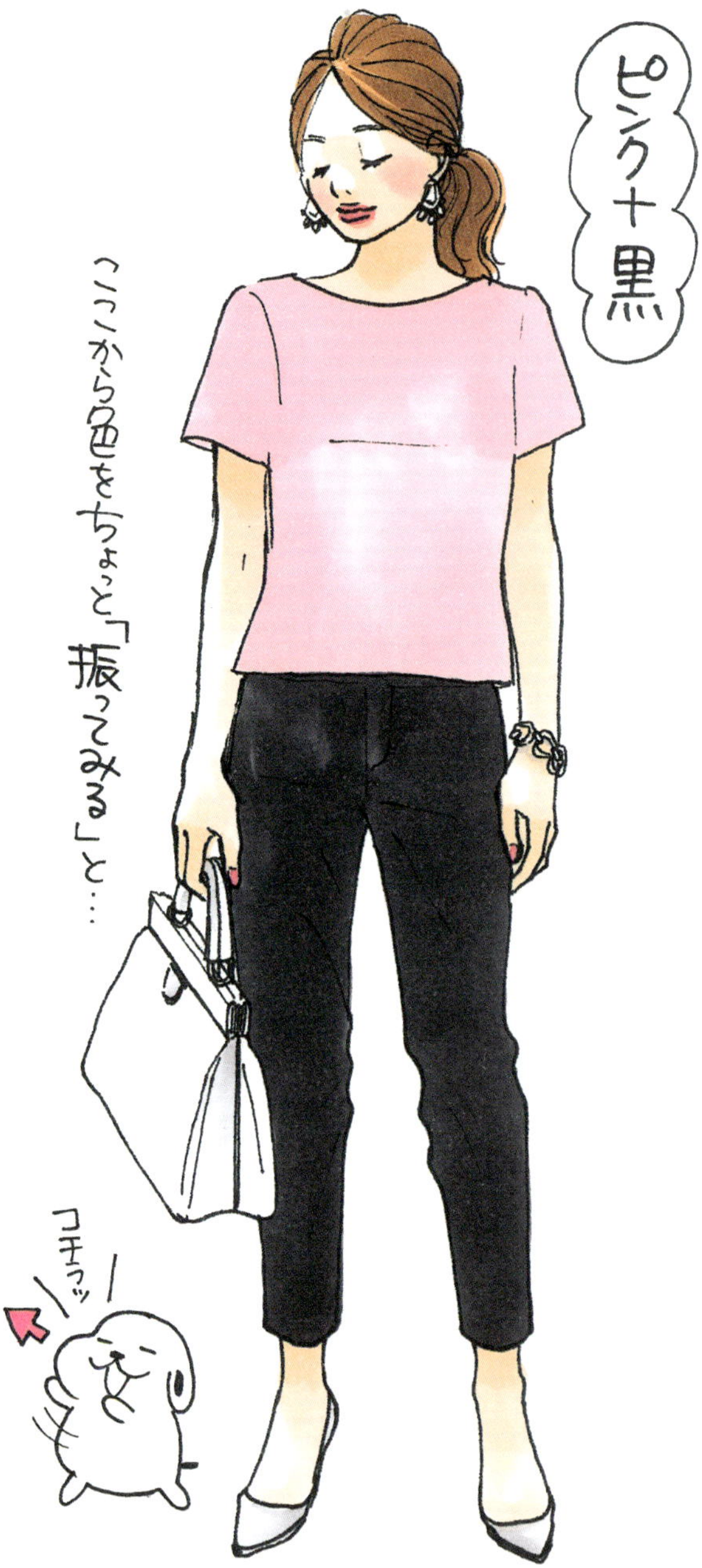

ピンク＋黒
ここから色をちょっと「振ってみる」と…

ピンク＋ネイビー
……キリッとした中にも上品な女らしさが。
ピンク＋グレー
……グレーの色が淡い（明るい）ほど柔和な雰囲気に。

「黒」を使わないカラーリングを楽しんでみましょう♥

春に着たいブルー＋ブラウン
夏に着たいブルー＋ブラウン
秋に着たいブルー＋ブラウン
アイボリーで軽やかに！
オレンジはターコイズブルーと相性ヨシ！
落ちつきすぎないよう黄緑をON！

いかがでしょう？　ニュアンスが加わって、女性らしい柔らかみが出るのに気づくはず。少し話は変わりますが、たとえば海外に行ったりすると、大人の女性が（決して若作りな感じではなく）上手くキレイ色を取り入れていて感心することがよくあります。しかもベーシックカラーにひとつキレイ色を……という感じではなく、赤×パープルのように強い色どうしを合わせて、小物は茶系でなじませたり。色は女性を美しく見せるものですよね。

私は発色のいいキレイ色を身につけることが好きですが、日本の女性たちは悪目立ちしたくないという理由からか、それになんとなくまとまるという安心感も手伝ってか、「無難な黒」という選択をする人が多い気がします。でもそれって、せっかく日常で養える色彩感覚を乏しくしてしまっていて、めちゃくちゃもったいない！　と思うのです。

色に敏感になると、洋服のコーディネートだけではなく、雑貨などの色彩からも「この色合わせ、今度コーデに取り入れてみよう♪」なんて思えるようになり、姿形が全く違うものへの変換も自然にできます。私はふだんから配色やパターンの本などを眺めるのも好きなので、そういうグラフィックから感化されることも多々あります。水色×オレンジ（もしくはキャメル）×ベージュ、ミントグリーン×パープル（もしくはエンジ）×グレーなど、ファッションに落としこんでも素敵な色合わせがたくさんあってワクワクします！

一度黒に頼らない色彩力を身につけると、ますますおしゃれが楽しくなると思いますよ♪

CHAPTER

2

IT BRAND

着回しの天才は〝憧れブランド〟で格上げする

10枚の服よりも、ひとつのアイコニックなバッグやジュエリー。
おしゃれ上手な人は、その幸福感や高揚感を知っている人。
着飾るわけではなく、〝いいもの〟をさりげなく持っている人。
そんな女性になりたいと、今でもずっと思っています。
それに、着回しって毎日のことだから地味にもなれば飽きもする。
最高の〝カンフル剤〟が欲しいと思ってしまうのです（笑）。

IT BRAND

No. 1

CHANEL

シャネル

1910年、ココ・シャネルがオープンした小さな帽子店が始まり。

場所は、パリのカンボン通り 21番地。

1921年、香水『No.5』。1928年、ツイードのジャケット。

1930年代にはあまりにも有名なキルティングのバッグ。

数々のアイコニックなアイテムが今も世界中の女性を魅了。


Yasuko's Comment 手にしたときの高揚感はとっても特別なもの。

30代半ばくらいのころ、初めてテレビに出演することになったとき
収録のあった大阪から新幹線で帰ってきたその足で伊勢丹新宿へ行って
〝自分へのごほうび〟に赤いマトラッセのバッグを買いました。

今思うと、いったい何のごほうびなんだ？ という感じですが (笑)。

うれしくてうれしくて、じっと見つめては撫でていたのはいい思い出。

でもね、決して大事にしすぎるわけじゃなく、毎日ヘビロテして。

使うほど出る味も愛しくて、モトはちゃんととらせていただきました♡

CHANEL といえば マトラッセ♥
CHANELは持つことでウキウキ気分になる魔法のブランド♥
いやマジでホント 大げさじゃなく
だんっ
だってお出かけが楽しくなっちゃうんですよ？
ちなみにファーストCHANELは29歳の時に買ったワイルドステッチのショルダーバッグ。玉川髙島屋の限定色でした
タイムレスに引き継がれる名品中の名品
JK+パンツのカジュアルコーデを格上げするために使うことが多いかも。
もちろんあらたまった会食の席やパーティなどオケージョンにも大活躍！ 頼もしいバッグです。
ちなみに…
実は一番のヘビーユースはマトラッセではなくくったりしたエナメルのチェーンバッグ♥
4年くらい愛用中
舟底タイプで収納力アリ!!
CHANELの長財布は3代目。
買います!!
お店で魔法をかけられひと目惚れ♥
シルバー×グリーンというポップさにやられました!

IT BRAND

No. 2

LOUIS VUITTON

ルイ・ヴィトン

1854年、世界初の旅行鞄専門店としてパリにオープン。
積み重ねられる平らなトランクが瞬く間に大評判となる。
1888年には市松模様のダミエ、1896年にはモノグラムが誕生。
1997年から 2014年まではマーク・ジェイコブス、
以後はニコラ・ゲスキエールがディレクターを務めている。

Yasuko's Comment ふと、大好きなトレンチコートに合わせたくなって、
ここしばらくクローゼットの奥に眠っていた（正直、やや忘れていた）
モノグラムの〝スピーディ〟を２年ぶりくらいに引っぱり出しました。
そしたら、カジュアルな服にすっごく似合うってことを再発見して。
こんなふうに時を経ても、時を経るほど、素敵だなって思えることが
何よりの魅力だと思います。私にとってモノグラムは〝ファンタジー〟。
歴史や由来を知るほど「なんて完成されたデザインなの！」とため息が。
ずっと愛着を持てるように、イニシャルを入れるのもおすすめですよ♡

知的に持ちたい
LOUIS VUITTONの
スピーディ
王道のベージュのトレンチ＋ストールコーデにモノグラムのバッグでアクセントを
ルイ・ヴィトンのモノグラムといえば頭文字のLとVと花と星がモチーフ…
なんとなく愛と希望って感じでロマンチックですよねぇ〜
とはいえ
扱ってるモチーフは女性らしくてもデザイン的にはむしろビミョーに中性的。
…なので可愛いテイストよりもきもーちメンズライクなファッションによく似合います。
25cmサイズのスピーディならスカートでもバランスよし
ちなみに
マイファーストヴィトンは大学卒業時に買ったシステム手帳
YSK
イニシャルとラインを入れられるモン・モノグラム。
ラインは17色から選べて組み合わせは無限大！数字もOKなので子供の誕生日を入れる人もいるそう。
世界にたったひとつのルイ・ヴィトン
愛着増すこと間違いなし
一世を風靡したルイ・ヴィトンバッグHISTORY
エピの巾着型ショルダー
90年代前半
モノグラムのフラップ型ワンショルダー（ミュゼット）
90年代後半
ヴェルニのバッグ大人気!!
2000年代前半

IT BRAND

No.3

CÉLINE

セリーヌ

1945年、セリーヌ・ヴィピアナが開いた子供靴専門店が発祥。
パリの上流階級を中心に支持され、一躍人気ブランドに。
2008年、女性デザイナー、フィービー・ファイロが
クリエイティブディレクターとなり、イメージを刷新。
いまや、世界でもっとも注目される憧れブランドのひとつ。

Yasuko's Comment 毎シーズン新作をチェックするハイブランドって実は少ないけど『セリーヌ』はそのひとつ。もう色使いがツボすぎて♡
高いバッグはベーシックな色がいいと思いがちだけど、これだけは例外。
私が抱いていた印象は〝コンサバの代名詞的ブランド〟でしたが
フィービーが就任してからのイメージ転換は〝すごい!!〟のひとこと。
もう、まんまとハマってしまって、今はバッグを2つ持っています(笑)。
フィービー自身もとてもカッコいい女性だからか、甘すぎる服よりも、
ちょっとメンズライクだったり辛口の服に合わせたくなる気がします。

洗練デザインが光る
CÉLINEに
みんな首ったけ♥♥
今季はコレが→
大本命!?
カラバリ豊富なトラペーズ!!
2008年のデザイナー交代によりコンサバからモードブランドに変身を遂げたCÉLINE。「ラゲージ」「カバ」とHITも続々!! フィービー(デザイナー)のミニマルなデザインは持つだけで旬顔になれるパワーに溢れています
たぶん持ってると一番エバれるバッグでしょう…
クラッチバッグ買いました♥
じゅるる…
欲しーなー
ガマン
ガマン
ちなみに愛用してるのは…
ラゲージマイクロ
大きすぎず使いやすい!!
CÉLINE PARIS
小物も可愛い♥
バングル
サマーブーティー
どれもこれも欲しくなって大変だぞっと

IT BRAND

No.4

HERMÈS

エルメス

1837年、ティエリ・エルメスが開いた高級馬具工房が始まり。
1892年、ブランド初のバッグ『サック・オータクロア』誕生。
もとは馬鞍を収納するためのもので『バーキン』の原型。
1951年、ロベール・デュマ・エルメスが4代目社長に就任以降
スカーフの製造に力を入れ、バッグと並ぶ人気アイテムに。

Yasuko's Comment 手触りだけで〝本当にいいもの〟を実感する機会はほかにはそうそうないと思います。もう、ハリ感とか本当に違う♡
無造作に結んでもくたっとせず、平面で見るのとは別の魅力があって。
きっと、手先が器用じゃない人でも上手に使えると思います（笑）。
絵柄にメゾンならではの遊びゴコロを感じるところも大好きで
私自身、数枚『カレ』を持っていますが、まだ不相応と思ったりもして。
もう少し年を重ねたら似合うかな？　そのときにちゃんと使いたいな。
そんなふうに〝自分を引き上げてくれる〟ありがたい存在でもあります。

もっと自由に
HERMÈSのカレ
ラフなカジュアルコーデにさらっとひと巻き
カレとは正方形を意味するフランス語でエルメスではスカーフの名称として使われています。
カレの魅力はなんといっても色・デザインの豊富さ!!
クラシックなだけではないデザインがおしゃれ心をくすぐります……
衝撃的だったのは90年代半ばに発表された「田川」。もちろんパンダちゃんがいました
しなやかな手触りと光沢感のトリコに……
カレの誕生は1937年
七十余年の歴史を誇る定番アイテムはファーストエルメスにぴったり
脱・コンサバなスカーフ使いでクラス感UP
巻き髪とCA結びは避けましょう。
それやると昔っぽくなっちゃいます。
my Favorite
水色の発色の良さにひかれて購入
かれこれ12~13年愛用中
70×70の小さめサイズなら
バッグに巻いても可愛い
シンプルなニットやワンピースに巻いてもヨシ
「スカーフ＝コンサバ」のイメージを払拭してもっと自由にコーデに取り入れちゃいましょ~

IT BRAND

No.5

Cartier

カルティエ

1847年創業。名だたる王侯貴族が顧客となり名声を高める。
世界で初めて本格的にプラチナを用いたジュエリーを作り、
1933年には、『パンテール』シリーズが一世を風靡。
モナコ公妃となったグレース・ケリーが贈られた婚約指輪も
このブランドのもの。高い芸術性と品質で愛され続けている。

Yasuko's Comment 数々のブランドを買っては失敗もした私ですが(笑)
買ってよかったといちばん思うのは『カルティエ』の時計です。
持っているのは『タンクフランセーズ』と『パンテール』のふたつ。
30代前半のときに一緒に仕事をしていたファッション評論家の方が、
「とにかくカルティエ買っときゃ間違いないから！」と断言していて
時計が腕に〝なじんでくる〟という幸せを実感している今、
その言葉の正しさも感じているところです。きっと一生使うんだろうな
……なんて言いつつ、実は次に欲しい時計も『カルティエ』です(笑)。

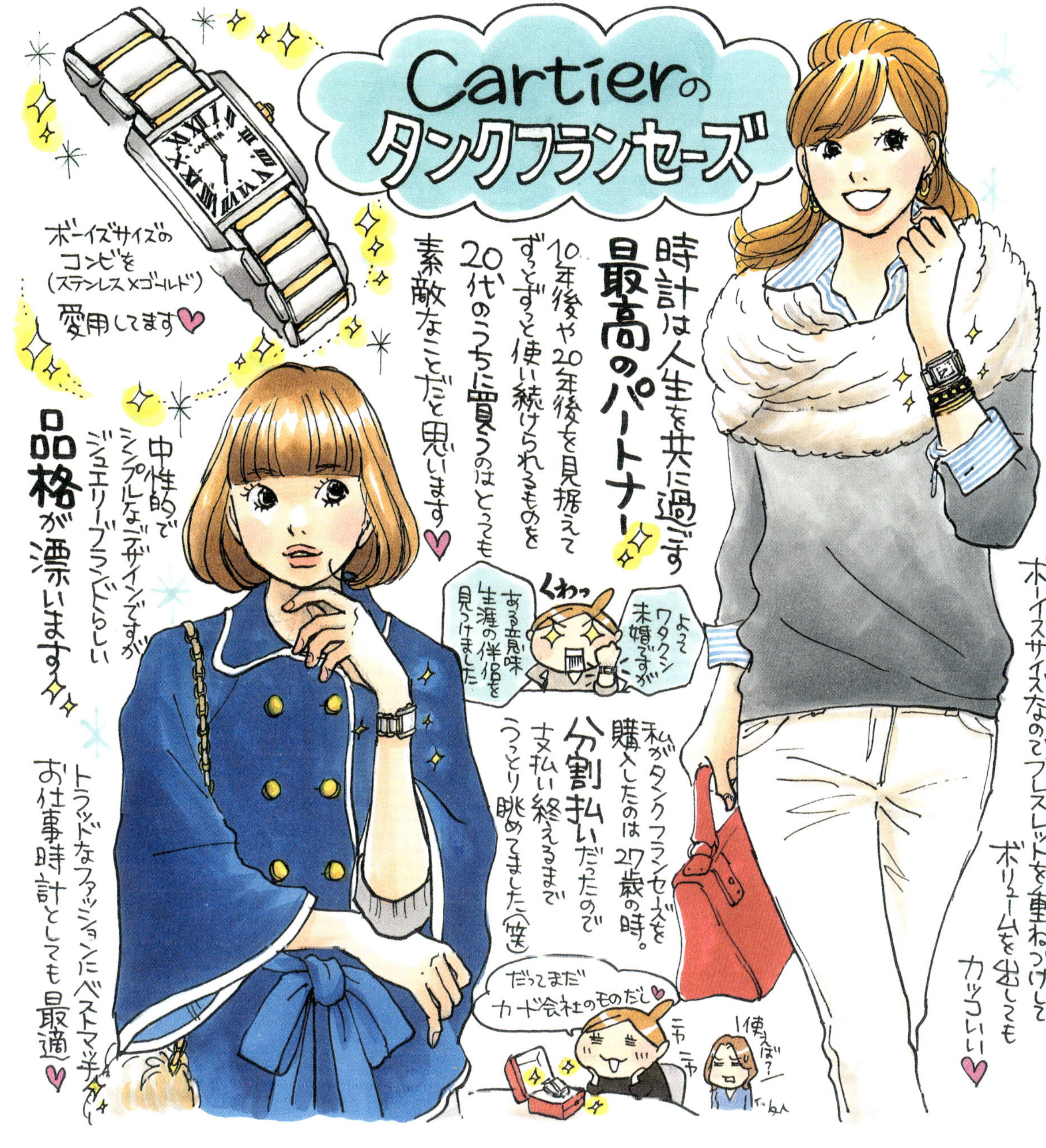
Cartierのタンクフランセーズ
時計は人生を共に過ごす
最高のパートナー
10年後や20年後を見据えて
ずっとずっと使い続けられるものを
20代のうちに買うのはとっても
素敵なことだと思います♥
ボーイズサイズのコンビを（ステンレス×ゴールド）愛用してます♥
中性的でシンプルなデザインですがジュエリーブランドらしい
品格が漂います
トラッドなファッションにベストマッチ
お仕事時計としても最適♥
くわっ
よってワタクシ未婚ですが
ある意味生涯の伴侶を見つけました
私がタンクフランセーズを購入したのは27歳の時。
分割払いだったので
支払い終えるまで
うっとり眺めてました(笑)
だってまだカード会社のものだし♥
ニヤニヤ
使えば？
ボーイズサイズなのでブレスレットを重ねづけして
ボリュームを出してもカッコいい♥

IT BRAND

No. 6

GUCCI

グッチ

1921年、グッチオ・グッチによりフィレンツェで創業。
戦争中、牛革を竹で代用したことから生まれた『バンブー』、
乗馬に着想を得た『ホースビット』などのアイコンが誕生。
1994年から2004年までクリエイティブディレクターを務めた
トム・フォードによる革新的なデザインの数々も話題に。

Yasuko's Comment エレガントなイメージが強いかもしれないけど
実はカジュアルなアイテムが素敵なんですよね、『グッチ』って。
大学生の頃ハワイのアラモアナで買ったホースビットローファーを
先日、実家に帰ったときに偶然発掘して、なんだかキュンとしました。
2013年には 60周年を迎えて、リバイバルしていることもあって、
「今だったら真っ白のやつ欲しいな〜」と瞬間的に妄想が膨らんで。
社会人になる記念に買ったバンブートートも復刻版を見てときめいたり、
色褪せない魅力があるからこそ、記憶と結びついて特別になるんですね。

祝60周年 GUCCIのホースビットローファーがアツい!!
「1953コレクション」（アニバーサリーモデル）は必見!!
モードに✧
カジュアルに✧
フェミニンに✧
定番のホースビットローファーも…
ヴィヴィッドカラーでフレッシュに✧
流行りの柄ボトムと合わせて華やかコーデ♥
潔く全身黒✧
コレぞ☆な茶色のスウェード×ゴールドビットのコンビは
大人のカジュアルスタイルにぴったり♪
イメージはヴィクトリア・ベッカムです
あくまでイメージ…
フフフ…
コレ、超絶可愛い!!欲しい!!
（けど高い!!）
スタッズがいっぱい付いてるのに上品✧
さすがのメゾンブランド!!
大学生の頃、定番ではない型を買ったがために、このリバイバルでも使えない…残念!!
超スクエア!!
定番

IT BRAND

No. 7

BALENCIAGA
バレンシアガ

1914年、クリストバル・バレンシアガによりスペインで創業。

1950年代には『クリスチャン・ディオール』と並ぶ名門に。

1998年、ニコラ・ゲスキエールがデザイナーに就任。

〝新生・バレンシアガ〟は一躍モードを牽引するブランドへ。

2013年からはアレキサンダー・ワンがデザイナーを務める。


Yasuko's Comment ブランドバッグ〝なのに〟と言ってはなんですが
軽いしサイズ感もジャストだし、使い勝手がとにかくいいんです。

『ファースト』、『シティ』、『ツイッギー』……。

歴代の各シリーズ、各サイズ、ほぼそろえた自信があります(笑)。

それだけたくさん持っていても、本当に全部、よ〜く使いました。

ラフに使っても大丈夫だし、実用的なことを言うと旅行にも便利！

デザイナーが替わって、最近また注目されて人気が再燃してますよね。

かくいう私は『ペーパー』シリーズが気になっているところです♡

BALENCIAGA クロニクル
レザーなのに 軽くて 使いやすい! だから いっつもいっしょ♥
差し色に ぴったりの 赤
今も ヘビーユース!
(2006年)
初 バレンシアガは 王道のFIRST♥
お次は 仕事用にCITY
当時は人気が出始めのブームに のっかって買ったFIRSTでしたが 実際に使ってみると その軽量さと、パンツにもスカートスタイルにも合う サイズで、もれなく出かける際のお供に。 …結果、なんと7年も愛用中♥ まだまだスタメンです
TWIGGY
ボストン型で見た目より かなり収納力アリ!
good!
個性的な タイプにも 手を出しました! (笑)
過去のカラーによる パッチワークが 新鮮だった
SUNDAY(S)
そーして 購入したのは… 最近(2012年末)
MINI CITY
斜めがけもできるので 旅行の時にも便利!
悩んだ結果 色々使える 黒をチョイス♥
コンパクトながら マチがしっかりあるので お財布、ケータイ、ポーチ…と必要なものは ちゃんと入ります!!

IT BRAND

No.8

GOYARD

ゴヤール

パリの大手トランクメーカー、モレル社の後継者となった
フランソワ・ゴヤールが1853年『メゾン・ゴヤール』を創業。
軽量で上質なキャンバス素材のバッグで人気を博す。
現在も変わらずブランドのトレードマークとなっている
3つの杉綾を併記した〝Y〟のロゴは1892年に誕生。

Yasuko's Comment そろそろハンドルがちぎれても不思議じゃないほど
本当にお世話になっているバッグです。ありがとうございます♡
歳を取ってくると、冗談じゃなく、重たいバッグは持てなくなって。
だから、必然的に出番が増えたのかもしれませんね（笑）。
荷物がざくざくたくさん入るから働く女性にもぴったりだし、
街では、ママバッグとして使っている人も多い気がします。
そして、私より上の世代の人がカジュアルに持っているのも素敵。
女性のライフスタイルに寄り添う、まさに〝ずっと使える〟バッグです。

GOYARD サンルイ シリーズ
持っててソンなし！
軽くて丈夫なGOYARDのサンルイ（トートバッグ）。
買う時は正直「これがこの値段!?」って高いと
思うんですがなんせ使えるので
減価償却度は
バツグン
初めて買ったのはこのJrサイズ。
かれこれ10年愛用中
残念ながら廃番。
肩かけも可能！
お財布、ケータイ、
化粧ポーチ、本、ペットボトルと
必要なものは全て
入ります
……街で見かける率
No.1はこのPMサイズ。
書類も入るので
仕事用にも最適♪
茶色も持ってます。
ユニセックスなブランドなので
女っぽすぎないコーデに合わせたほうが
可愛い
実は一番可愛いと
思うのはこのGMサイズ。
大容量なので旅行や
ランステに行く際に使用
2泊3日なら
コレで行けます！
そんなこんなで
サイズ違いで
買い揃えてますが
なぜそんなに
愛用しているかと
いうと…
歳とると
重い革のバッグが
持てなく
なるんスよ
腰に
くる…
アラフォー

IT BRAND

No.9

Christian Louboutin

クリスチャン ルブタン

1992年、クリスチャン・ルブタンがパリにブティックを開業。
洗練され、そしてセクシーなデザインで、多くの女優を魅了。
靴の裏側が赤になっている〝レッドソール〟も特徴のひとつ。
ブランド創設から瞬く間に女性たちを虜にした靴の魅力は
2013年公開の映画『私が靴を愛するワケ』でも取り上げられた。

Yasuko's Comment 大好きな伊勢丹新宿店の靴売場、通路の向こう、
きれいにディスプレイされた『ルブタン』にふわ〜っと吸い寄せられて
気づくとベージュのポインテッドパンプスを購入しておりました（笑）。
今は、靴のシルエットもかなり研究されてきているから、
似たような形でずっと安いものも、もちろんあるんでしょうけど。
本音を言うと決して歩きやすいわけではないし〝普段靴〟にはならない。
でも、足を入れるだけで高揚感がある。ここぞという日にはきたくなる。
すべての女性には、そんな〝スペシャル〟な一足が必要だと思うのです。

まずはこの一足♪
Christian Louboutinのプレーンパンプス
うっとり…♡
靴ってはやりすたりがあるし
結局長くはけないから
高い値段出すのもったいない…と思っている
人もいると思いますが
"靴こそ
お金の
かけどころ"
です。デイリー使い用ではなく
「ここぞの一足」を
持っておけばどんな
場所に行くにも気後れしません。
そこでオススメしたいのが
ルブタンのプレーンパンプス
シンプルながら美しいフォルムで
リッチ感が漂います。
360度美しい…
ホレボレ
ちなみに私が持っている
ルブタンの黒のパンプスは
もう7年大事に
はき続けていて
今ももちろん現役!!
太めのウッドヒールなので
8cmでも安定感抜群
そしてこの赤♡
パンツにもスカートにも合う
万能なプレーンパンプス。
ヒールの高さや
パテントなどの
素材も吟味して
自分にぴったりの
タイプを選びましょう
毎日の通勤でガシガシ
はかず、ワンシーズンに
数回はく頻度なら
5〜6年はじゅーぶん
保てますし、ポインテッドと
ラウンドトゥの中間の形を選べば
もう間違いなし！です。

IT BRAND

No.10

COACH

コーチ

1941年、ニューヨーク・マンハッタンに皮革工房として創業。
創業者はマイルス＆リリアン・カーン夫妻で、
1962年に発表されたブランド初となるバッグコレクションは
野球のグローブにヒントを得た『グラブタン・レザーバッグ』
以降、レザーへのこだわりと丁寧な製法で人気ブランドに。

Yasuko's Comment 今でこそシグネチャーが有名な『コーチ』ですが
私が以前から持っていたイメージは〝質実剛健なレザーブランド〟。
私より年上の、おしゃれでいきいきした女性が持っているのを見たとき
〝ああ、こんなバッグが似合う人、素敵だな〟と思いました。
使い込んで味が出て、マイ・ヴィンテージになっているような……。
もしかしたら私も、これから似合ってきちゃうのかしら♪　なんて
期待も込めながら、ずっとチェックしていきたいブランドです。
まずは、お出かけにぴったりのミニバッグ、買ってみようかな♡

COACH
レガシーコレクションは
大人の魅力♡
コーチといえばシグネチャーを思い浮かべる人が多いかもしれませんが私のようなアラフォー世代だと「コーチといえば上質レザー✧」のイメージ。なぜなら90年代のコーチは「レザーバッグ」で人気を博していたから。過去のアイコン的な存在だったバッグを現代版にリニューアルしたのがこのレガシーコレクション✧
カジュアル派なら迷わずダッフル♡
フェミニン派はキャンダス キャリーオール♡
もちろん斜めがけOK…
ちょっと出かけるのに最適♡なペニーショルダーパースも可愛い!!
ダッフルはミニサイズもあります♡
すぐにコーチとわかるシグネチャーも可愛いですが、パッと見、ブランドを主張しすぎないレガシーコレクションも大人っぽくて素敵♡長く愛せるバッグを手に入れてみてはいかがでしょう♪
スカートスタイルとも相性がよく、手帳など出し入れしやすいトート型なので通勤にもぴったり♪
オススメ!

IT BRAND

No. 11

SAINT LAURENT

サンローラン

1961年、オートクチュールメゾン『イヴ・サンローラン』設立。
1966年の、男性用タキシードをアレンジした女性用スーツ
〝スモーキング・タキシード〟など歴史に残る名作多数。
2012年、エディ・スリマンがクリエイティブディレクターに。
ファッション部門のブランド名を『サンローラン』に改名。

Yasuko's Comment 〝ダッフル〟というボストンはサイズ違いで、
〝サック　ド　ジュール〟というシリーズは１個買って、さらに、
色違いも欲しいと思っているところ。それくらい好きなブランドです。
職業柄荷物が多いのでバッグにはそれなりの大きさを求めていた私が
すっかり〝ちっちゃいバッグ〟マニアになってしまいました。
今までの趣味や価値観ががらりと変わるくらいの出会いがあるから
憧れブランドって、憧れブランドなんだと思います。
色バリエが多くて中毒性があるところも〝ズルい〟んですよね、もう♡

今、狙ってます!
SAINT LAURENT PARIS
ベイビーダッフル♥
エディ・スリマンによる新生SAINT LAURENT PARIS
ファーストシーズンから大人気のバッグ「ダッフル」に
キュートなミニサイズが登場!!
スリマンの世界観を残しつつ
ぐっと小さくなったベイビーダッフルなら
甘さのあるコーデにも合わせやすい♥
この冬一番のイットバッグ間違いなし!!
プー
このスタッズバージョン欲しい〜〜!!
ちなみに私は「ダッフル6」を愛用中
デイリー使いには
このサイズがオススメ
30cm
スイート派なら少量で
アクセントになる赤やピンクも
可愛い♥
使えるポイント♥
23cm
10cm
ボストン型なので
マチが広く意外と
収納力あり♪

IT BRAND

No.12

TIFFANY&Co.

ティファニー

前身となる『ティファニー＆ヤング』を経て、1853年、『ティファニー＆カンパニー』がニューヨークで設立。1886年、ダイヤモンドを６本の爪で支える〝ティファニー・セッティング〟を発表。映画『ティファニーで朝食を』は1961年公開。現在に至るまでずっと女性たちの憧れの的。

Yasuko's Comment ダイヤモンド以外の石に全然興味のない私（笑）。買うならダイヤ、ダイヤなら『ティファニー』ですよね、やっぱり。服より靴よりバッグより、ジュエリーこそ〝一生もの〟ですから。そして、キラキラ輝くジュエリーそのものはもちろんのこと、あのブルーの箱、それにかかる真っ白のリボンにも胸がキュン♡〝自分へのごほうび〟が大好きな私は全部自分で買っちゃいますが……。誰かから贈られるという幸福感もこのブランドならではだと思います。ああ、生まれ変わったら、可愛くおねだりできる人になりたーい（笑）。

TIFFANYでかなえる幸せなXmas
Necklace
はやりすたりなく長く愛せるダイヤモンドのジュエリーは大好きな人に買ってもらうのも素敵だし、頑張っている自分にごほうびとしてプレゼントするのにも最敵なアイテム
ネックレスでも、ピアスでも、指輪でも…飽きのこないシンプルなデザインのダイヤモンドジュエリーは"あなたと共に輝いてくれる"永遠のパートナーになるはず
Diamonds by the Yard
Pierce
Ring
TIFFANYの人気シリーズ通称「バイザヤード」は自分で買ってお守りのように身につけていると恋がかなうという噂が
ちなみに私は30歳記念に母が買ってくれた一粒ダイヤのピアスをお守りのように使っています。
30 Years Old
自分ではダイヤの三連ピアスを…購入しました。
思いきって、自分の気持ちがアガる、そんなジュエリーを買ってみてはいかがでしょ♪

COLUMN 2

★★★

靴と服のバランスを考えよう

靴と服のコーディネートのバランス……これって永遠の悩めるテーマですよね。

まずヒールの有り無しでバランスが変わり、またつま先の形がポインテッドなのかラウンドなのか、あるいは甲を深く覆っているか浅いかでも、全体の印象が大きく変わってきます。女性の靴は男性より多種多様でトレンドの移り変わりも激しいので、合わせる服との相性が本当に難しい！　だからこそ今日のコーディネートを「靴から決める」という人が多いのも納得ですよね（私自身は、毎日必ず「靴から決める派」ではないのですが……）。

例えば「今日はいっぱい歩く日」とか「雨など悪天候の日」となると必然的に履く靴が限定され、その靴とバランスのとりやすいコーデを考えることになります。

ちなみに、最近のトレンドでもあるフラットシューズ、ソックス、ひざ下スカート（のバランス）はハイヒールよりも難敵。雑誌を見て「自分もこのコーデ、いけるんじゃない？」と思うのはと〜っても危険です。はっきり言って、それは錯覚！　なぜなら誌面ではひざ下の長いモデルさんが着こなしているのであって、バランスが一般人のそれとは全然違うからです。

そこで、トレンドアイテムと靴との相性をちょっと考えてみました。

ペタンコ靴

＋

ふんわりひざ下フレアスカート

ペタンコ靴ビギナーは
ひざ丈フレアスカートを
合わせれば
間違いナシ!!
まずひざ小僧を隠す!
ひざがちょうど、
もしくは半分くらい
隠れる着丈が
ベスト☆
VIVA
目くらまし!!
ふわっと広がる
スカートの裾の幅Ⓐと
足幅Ⓑの差で
足の太さもあまり
目立ちません
Ⓑ
Ⓐ
スリッポンにも
レースアップシューズにも

ペタンコ靴

＋

ふんわりひざ下フレアスカート

ヒール靴
＋
ひざ下タイトスカート

ヒール靴
＋
ガウチョパンツ

ペタンコ靴ブームだけど
やっぱりヒール靴を
はきたい♡と
いう人は…
トレンドボトムスで
古臭さを
一掃～～!!
…デニムのひざ下タイトスカートに♡
タイトスカートにピンヒールだと
コンサバになりすぎ？という人は
ウェッジソールでカジュアルさをプラス。
ガウチョは逆にシンプルパンプスで
大人感をキープ
ガウチョパンツ…
（ロングキュロット）に♡

いかがでしょう〜？

下半身がスッキリした体型の人は、パンツにスニーカーとかレースアップシューズ（「おじ靴」って言うんですね、最近）がよく似合うのですが、私自身は下半身デブでそういう格好が決まらない悲しい体型なので、ペタンコ靴をはきたい時はだいたいスカートを合わせることが多いです。ここでもっとも避けたいのは、ロングなのにダウンヘアで、さらにトップスも長めのものを合わせたりすること。重ね重ね言いますが、誌面でモデルさんがゆる巻きロングのダウンヘアでスニーカーとかはいていて素敵なのは、スペシャルなバランスの美ボディあってのものなんです。実際モデルさんたちに会うと「こんなに規格が違うの？」って思いますから（笑）。一般体型の場合、ロングヘアは結ぶのが一番ですが、もしくは帽子を被って高い位置にポイントを作る目くらまし作戦もアリ。どちらにしても、トップスはとにかくジャストウエスト丈くらいの短めのものを選ぶのはマストです。あるいはウエストイン！。ペタンコをはくときは、ボトムだけでなく、全身でいかに「もっさり」を回避するかも大事なポイントですね。

そして、人それぞれの雰囲気とか年齢、あるいは環境もありますから、空前のペタンコ靴ブームといえど「ヒール靴はマル必！」という人もいると思います。あと意外にもカジュアル下手です、という人も多いですよね。そんな方たち向けに、ヒール靴のコーデ案を描いてみました。こちらはボトムのトレンド感で古臭く見せないことがポイント！

こんなふうに、結局のところ、「おしゃれはバランス感が命！」ですね。

CHAPTER

3

CHECK TPO

着回しの天才は“TPO”の大切さを知っている

30歳をすぎたころから特に、いくらおしゃれにキメていても、
その場から浮いていたら恥ずかしいな、と思うようになりました。
“TPO に合わせる”って実は、何と何を着るかだけじゃなく、
肌を見せるバランスや小物のボリューム感もとても大切だったり。
どんな場面にも対応しやすい 12着をベースに細部まで描きこんだ
初の“イラスト着回し”、ぜひじっくりじっくり読んでください♡

CHECK TPO

史上初！イラスト着回し28Days

仕事に着ていくコンサバ服、休日に着るカジュアル服、そしてどっちにも着られる服。

合わせやすいベーシックな服と、今っぽいエッセンスや華やかさをプラスする服。

そのバランスを考え抜いた12着があれば、どんなシーンにも着こなしをフィットさせられる！

主人公は30歳、レストラン運営会社勤務、彼はいないけど仕事は楽しい。さあ、どんな1カ月になる？

A

トレンチコート

B

グレーのパーカ

C

ネイビーの
カーディガン

D

白のニット

E

ボーダー
カットソー

F

クレリックシャツ

G

ロゴTシャツ

H Day6に買い足し

イエローのブラウス

I

グリーンの
サーキュラースカート

J

花柄ミニスカート

K

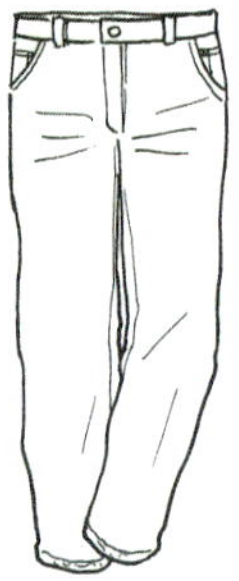

ホワイトデニム

L Day6に買い足し

オールインワン

M

バックストラップ
パンプス

N

シルバー
パンプス

O

ローファー

P

ポシェット

Q

ミニボストン

R

かごバッグ

Day 1

今日から新年度！
新しいスタートの日、
快晴で気分は上々♪

A + **D** + **J** + **M** + **Q**

今朝、迷わず白のニットと花柄スカートを選んだ理由は、爽やかさと華やかさがちょうど半分ずつだから。周囲に与える印象も、気分をハッピーにしてくれるところも、新年度が始まる日にぴったりすぎる♡　ふんわり朝の空気が心地いいから普段より早く家を出る。お気に入りのトレンチを羽織って。

Day 2

打ち合わせの日は
〝色使い〟で勝負。
それにしても……
さ、寒〜い！

A + C + F +
I + O + Q

インテリアデザイナーさんとの打ち合わせ。きちんと感とおしゃれ感を両方アピールしたい日はネイビー×グリーンの配色で。いわゆる〝寒の戻り〟ってやつだし資料は重たいし……。でもがんばろっ！

Day 3

週の真ん中は
カジュアルデー。
ランチは一駅先の
お蕎麦屋さんへ♪

A + B + E +
K + N + P

パーカとボーダーとデニムでも、クリーンな白がベースだからラフになりすぎない。デスクワークがさくさく片付く、実は〝デキる女〟のためのコーデ。つゆを飛ばさないお蕎麦の食べ方も心得てます（笑）。

Day
4

ランチメニューの
試食会から帰社。
満腹と春の陽気で
思わず眠くなる……。

A + **D** + **I** +
M + **R**

試食会はたくさんの仕事相手が集まる場だから"好感度"こそ大切。白のニットときれい色のスカートで、甘すぎないフェミニンコーデに。試作と試食を重ねてきたランチメニューもいよいよ完成間近！

Day
5

"金曜日"って
それだけで少し特別。
エレベーターの前で
声をかけられて……。

A + **C** + **K** +
N + **Q**

高校の同級生、渡辺くんと思いがけない再会！　春から別フロアの会社で働いているらしい！　シルバーの靴やビジューのイヤリング。小物使いが楽しいのも、素敵な偶然も、やっぱり金曜日って特別♡

Day 7

春になるとなぜだか
お花を買いたくなる。
お散歩も気持ちいい季節。

B + **J** + **O** + **R**

すっぴんのままご近所をお散歩。着心地重視の〝ゆるカジ〟の日に使えるのは大人の花柄。真っ白のローファーとかごバッグで、どこかフレンチシックを意識して。今日はライラックにした。いい香り♡

Day 6

いいお天気につられて
新しい服が欲しくなった週末。
これとこれ、可愛い〜♡

B + **G** + **I** + **O** + **P**

仕事の日はきれいめに着るグリーンのスカートを、ロゴTと腰に巻いたパーカで着崩して。お買物には、こんな子供っぽくなりすぎない休日カジュアル。戦利品はオールインワンと春色のブラウス♪

Day 9

内装工事の見学後、
オーナーさんとの
大切な打ち合わせ。
忙しいけど楽しい！

F + I + O +
Q

大切なお客様とのアポイントがあるときはシャツ×スカートが基本。衿や靴、バッグで少し効かせる白も、上品さを出すためのテク。旅先で出会ったコーヒー豆をぜひお店で使いたいとのリクエストが。

Day 8

週末に買った
オールインワンを
さっそく着てみる。
うん、新鮮！

A + E + L +
N + P

オールインワンにボーダーを重ねて、新しい服は週の始まりに着るのが効果的。すると、電車の中でまたしても渡辺くんとバッタリ！　なんと家も近所らしい！　これはもう、飲みに行くしかないよね（笑）。

Day 10

今日はデスクワーク！
すっきり決めると
集中力も上がる。
よし、がんばろっ！

A + D + E +
K + O + P

白ニットと白デニム。でも、手抜きっぽくは見えないようにボーダーを腰に巻いて。薄めのアイメイクにメガネ。これが名付けて〝終電乗れないのも辞さない〟ルック(笑)。探しましょう、コーヒー豆！

Day 11

ふたりで飲みに♪
お店の予約まで
してくれてた彼に
正直、ときめきます。

C + J + M +
Q

「勝手に予約したけど大丈夫だった？」と渡辺くん。ここは私が何度もフラれていたワインバー！　花柄スカートにシックなネイビーを合わせて、気負いすぎず地味すぎずの〝女っぽ〟コーデで大正解♡

Day 13

最近話題のショップが
家の近所にできたらしい。
ちょっと行ってみよ♪

C + H + K + O + P

コーヒースタンドもあるらしいから勉強がてら。と思い立って、久々に自転車を引っ張り出す。先週末買ったイエローのブラウスにネイビーを重ねるこなれた配色も、おしゃれなショップに似合うでしょ？

Day 12

仕事終わりの女子会。
高校からの親友と
“彼”のハナシで
尽きないおしゃべり。

F + L + N + P

シャツを中に着たオールインワンのコーデなら、会社でも浮かないし、おしゃれに厳しい女友達にも好評。「私、実は渡辺くんカッコいいと思ってた。てか、ほんのり好きだった」。はい、実は私も（笑）。

Day
14

寝坊なんてもったいない！
朝から洗濯機を2回まわして
お腹がすいてブランチへ。

B + G + L + O + R

一枚で絵になる存在感があるし、でも中に着るものでイメージをくるくる変えられるオールインワン。思ったより使えるから買って正解だった♡♡　今日はロゴTとパーカでカジュアルダウンして。ハンバーガーはぺろり完食。

Day
15

ランチタイムの衝撃！
彼と知らない女性の
親しげな2ショット!?

C + E + I + N + Q

週の始まりはテンションを上げるべく、きれい色のスカートを。トップスはネイビーカーデとボーダーの重ねワザで上品さも抜け感もちょうどいいオフィスカジュアル。渡辺くん!?　その人誰っ!?

Day
16

昨日の事件はつまり、
恋より仕事ってことね。
早起きしてヨガ行って
エクストリーム出社!!

C + **F** + **K** + **M** + **R**

気分をシャキッとさせたいときは、迷わずシャツを着る。袖をキュッとまくってこなれ感を出して。渡辺くんのことはもう気にしないって決めたけど、あーあ、久々のトキメキだったのにな……。

Day
17

今夜はパーティ。
ドレスアップには
きれい色×きれい色。
カンパ〜イ♪♪

H + **I** + **M** + **Q**

うちの部署が手がけたレストランのオープニング。イエロー×グリーンの目を引く色合わせは、形のきれいなブラウスと揺れ感のきれいなスカートだから絵になる。ちょっとしたパーティにぴったり。

Day
18

黙々と書類仕事 day。
深夜に電話が鳴り
待ちに待っていた
うれしい知らせが！

C + **E** + **K** + **N** + **Q**

家具の見積書、食材の発注書……。オープンが迫って書類も山積み。座りっぱなしの一日だから、ボーダーにカーデを肩掛けして〝上半身重視〟。オーナーさん熱望のコーヒー豆、仕入先が見つかった！

Day
19

金曜の夜恒例の女子会。
聞きたいのはわかるけど
彼の話はもういいから！
興味津々の顔やめてっ!!

H + **J** + **M** + **R**

コーヒー豆という懸案事項をクリアしてお酒もすすむすすむ♪　イエローのブラウス×花柄スカートは大人が着てこそ素敵な上級コーデ。「渡辺くん呼ぼうよ」って、やだよ。だって彼女いるよ？

Day

20

バタつく連休の前に
一日だけ実家へ帰省。
母はうるさいけど
愛犬に癒される♪

B + G + K + O + P

パーカ、ロゴT、白デニムの完全なる地元コーデ(笑)で息抜き。「そろそろ結婚しないの？」ってお母さん、数年ぶりの恋の予感すらたった一週間で消えちゃったのよ？　ま、気長に待ってて(笑)。

Day

21

ホームパーティへ
お招ばれした休日。
ワインとチーズを
手みやげに。

E + L + M + P

異動で部署が離れてしまった仲良しの先輩宅へ。大好きな人だからこそ何を着ていくかじっくり考える。〝さらっとおしゃれ〟したいから、オールインワンにボーダーを重ねて、仕上げにハットを。

Day 22

トラブル発生!!
ようやく見つけた
あのコーヒー豆の
仕入先が倒産!?

C + **F** + **K** + **N** + **Q**

開店は10日後なのに、「コーヒー豆、見つかりましたよ」って今日オーナーさんに伝えるはずだったのに、シャツ×パンツのマニッシュコーデを女っぽく着たご自慢コーデなのに、私何かした……？

Day 23

一日中探したのに
結局全部空振りで
とぼとぼと終電に。
ひろうこんぱい……。

E + **I** + **M** + **R**

大変なときこそおしゃれしよう！　とグリーンのスカートにボーダーをすっきりインして。それでも、入社8年分のツテをたどって探しても、見つからなかったコーヒー豆の仕入先。ど、どうしよう。

Day
24

朝7時のデスクに
一枚のメモが……。
知らない会社の番号？
これ、もしかして……。

D + **F** + **J** + **M** + **R**

白ニットと花柄スカートのフェミニンコーデを、シャツを重ねることでピッと引き締める。「前の会社で取引があったところなんだけど……渡辺」って、調べてくれてたってこと!? きゅ、救世主！

Day
25

ホントありがとう。
彼にお礼を伝えると
デートのお誘い！
でも、彼女は……？

H + **K** + **M** + **R**

「あ、姉だよ。高校同じだし知ってるよね？」。お、お姉さん？ 「最近 10kg やせたんだよね（笑）」って思わずこっちも笑う。シンプルだけど華のあるイエローのブラウスは春のオフィスにぴったり。

Day
26

部長が誘ってくれて
素敵なディナーへ。
「いい店になるよ」
って最高のほめ言葉。

C + **I** + **N** + **Q**

渡辺くんのおかげでコーヒー豆も見つかって、オープンの準備は最終段階。上司との会食には、重ね着よりもカーディガンを一枚で着て女性らしく装って。さりげなくねぎらってくれる部長、やっぱり好きだなぁ。

Day
27

週末の女子会はランチ女子会。
明日はデートなんだ♪　って
報告にウキウキが隠せない。

H + **L** + **M** + **R**

「ねぇそのオールインワン、ほんと使えそうだよね。私も買おうかな」なんておしゃれ談義もしつつ。明日デートなんだ♪　「誰と？」。渡辺くんと♪　口を開けて驚く親友。だよね、私も驚いてる（笑）。

Day

28

ドライブデートの朝は晴天！
ありがとう、神様!!
最高の一日になる予感。

B + G + J + O + R

「彼が車で迎えに来る」なんて、久しぶりすぎてドキドキする（笑）。ロゴＴ×花柄スカートの〝カジュアル／フェミニン〟ミックスコーデに、寒くなってきてもガタガタ震えたりしないでOKのグレーパーカ。カラフルなアクセ。大人だし、初デートだし、がんばりすぎない感じを狙ってみました♪

おわりに

このページまでたどり着いてくれたみなさん、『着回しの天才』いかがでしたか？？

本書は『MORE』での連載「着回しMagic 1・2・3」（2014年1月号〜12月号）、「憧れブランドものがたり」（2013年1月号〜12月号）に、描きおろしを大量に加えたものです。

Chapter1では1アイテムにつき7スタイル、うんうん唸りながら（？）いろいろコーデを考えました。髪型の違いや、サングラスやメガネなどの小物を足すことでグンと印象も変わるので、妥協せず、何度も練り直したものをイラストにしました。

その作業時間はかなりのもので、結構長いあいだ引きこもりの生活が続きましたが（苦笑）、寝られない&肩や目が限界……という体力的な苦痛はあっても、精神的な苦痛はありませんでした。それはやはり、着回しを考えるのが好きだったからだと思います。そして、ふつうの女の子に似合う可愛いコーデを考える、ということも。

Chapter3では、イラストで1カ月着回しストーリーという新しい企画にチャレンジしました。上司との食事の際は足もあまり出さないように……など、日常によくあるTPOに即したリアルなコーデにこだわったので、細部までじっくり見ていただけたらうれしいです。あ、会社にはいていける靴が2～3足しかなかった社会人になりたての頃を思い出したりもしました（苦笑）。

さて、そんなこんなで、無事！　出来上がった本書『着回しの天才』ですが、このイケてるタイトルを考案、連載時のテーマ出しにもかなりアドバイスをくれた編集の岡谷さん、前作『溺愛ワードローブ』に続き、今回も可愛い本に作り上げてくれたデザイナーの清水さん、本当にお世話になりました。ありがとうございます！　そして、この本を手に取ってくれた読者の方にも感謝！　ありがとうございます。

みなさんにとって、「着回し」が日々の億劫なことではなく、心が浮き立つような楽しいことになってくれたら本望です。

2015年春　進藤やす子

進藤やす子の着回しの天才 12 Items, 120 Styles

2015年3月17日　第1刷発行

著　者　　進藤やす子

発行人　　石渡孝子
発行所　　株式会社　集英社
〒101-8050　東京都千代田区一ツ橋 2-5-10
電話　編集部　03-3230-6350
販売部　03-3230-6393（書店専用）
読者係　03-3230-6080

印　刷　　大日本印刷株式会社
製　本　　加藤製本株式会社

ISBN 978-4-08-780749-3 C0076

※本書は『MORE』の連載「憧れブランドものがたり」（2013年1月号～12月号）、「着回しMagic 1・2・3」（2014年1月号～12月号）に加筆・修正をし、描きおろしを加えたものです。

ブックデザイン　清水佳子
写真　アフロ